好品格故事系

上學啦

「樂樂，起牀了！上學了！」
嘉嘉興奮地爬上弟弟的牀上大叫。

「樂樂，快些起牀吧！
第一天上學怎麼能遲到呢！
家姐已在洗臉漱口了。」
媽媽把賴在牀上的樂樂拉起來。

樂樂的樣子看來怎麼樣？他為什麼賴在牀上？

樂樂一邊換衣服，一邊怯怯的
說：「媽媽，我今天真的要去上學嗎？」

樂樂第一天上學已經自己換校服，你能自己穿衣服嗎？

媽媽拍拍樂樂的頭說：
「上學很開心的，有很多小朋友
跟你一起玩，
老師又會講故事，又會唱兒歌。」

 學校裏還有什麼好玩的事情，試想一想？

樂樂看着眼前美味的早餐，
手卻不動一下。
　　媽媽說：
「樂樂，快點吃早餐吧！」
　　樂樂低聲說：
「我……我真是有點兒害怕。」

嘉嘉和樂樂的早餐是火腿青豆通心粉，你最喜歡吃的早餐是什麼？

媽媽溫柔地說：
「那麼讓機械人陪你上學去，好嗎？
但是它只可以陪你去學校，機械人
是不能上學的。」

 機械人是樂樂最喜愛的玩具，你在本書裏尋
找一下機械人是不是常常在樂樂的身邊？

爸爸在家裏的形象是較威嚴的，父親給孩子的鼓勵說話，會對孩子（尤其是男孩子）起到正面的作用。

爸爸摸摸樂樂的頭說：
「男孩子要勇敢些，
學校裏有很多好玩的東西，
爸爸相信你可以克服恐懼的。」

男孩子要勇敢，女孩子也要勇敢啊！你曾經做過什麼勇敢的事情，試說一說。

到了學校門口，
嘉嘉很高興地忙着跟老師和
同學打招呼。
　　媽媽看見站在門外歡迎小朋友
來上學的校長，説：
「校長早！」
　　嘉嘉也跟着説：「校長早！」
　　咦！樂樂呢？

 你在圖中找到樂樂嗎？誰是校長？誰是
老師？

樂樂把自己藏在媽媽的裙子後面，媽媽想把樂樂拉出來，可是樂樂卻抱着媽媽的大腿不放。

　　這時，校長把玩具小熊的一隻手放在樂樂的手上，說：

「玩具小熊很想迎接新同學，你願意和他一起玩嗎？」

你喜歡樂樂把自己藏在媽媽的裙子後面嗎？為什麼？

樂樂看看玩具小熊，又看看校長，再看看媽媽。

　　校長又說：

「玩具小熊還有很多好朋友在學校裏，他們都很想和你一起玩呢！」

你能用「＿＿看看＿＿，又看看＿＿，再看看＿＿」造一句完整的句子嗎？

21

媽媽立刻說：

「樂樂，你跟校長上學去，我先帶機械人回家，放學時再來接你。」

說完，她輕輕在樂樂的頭上吻了一下。

　　樂樂拖着校長的手走進校門去，回頭仍看見媽媽站在學校門外，便和媽媽揮揮手。

校長把樂樂帶進校園去，那裏有很多小朋友在玩耍。

樂樂看見小沙池，很想加入去玩，老師給他穿上膠圍裙，旁邊一個小女孩給他一把小鏟子，他們一起堆沙堆。

萌芽語校園裏有什麼好玩的地方，說一說給爸媽知道。學校裏有沒有好朋友，介紹給爸爸媽媽認識。

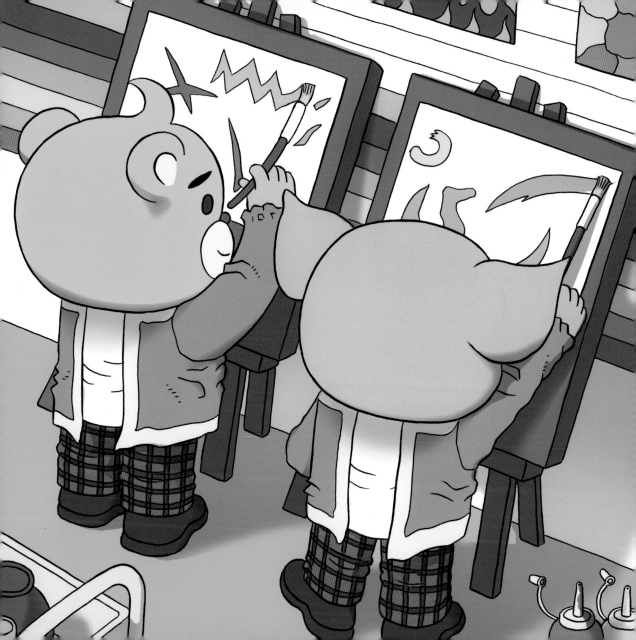

樂樂看見旁邊一個小男孩在畫圖畫，他也跟着拿起畫筆在白紙上亂塗，兩人都笑得很開心。

你喜歡畫畫嗎？你有沒有帶你的作品回家給爸爸媽媽欣賞？
告訴他們這是什麼，那是什麼？

這時，老師帶領小朋友回課室說故事，做唱遊，吃茶點和做小手工。

你在圖中有沒有看見那隻歡迎樂樂進學校的玩具小熊？為什麼樂樂不再拿着它？
你在學校裏還有什麼好玩的活動，告訴爸爸媽媽知道。

放學時，樂樂拿着他畫的圖畫
和小手工，
跟媽媽和姐姐分享今天在學校裏
發生的事情，說：
「上學真快樂！」

你今天在學校裏有什麼有趣的事情可以跟爸
爸媽媽分享？

匯識教育幼兒叢書

好品格故事系列　1套6冊

① 上學啦

樂樂初次上學，感到既緊張又害怕。他能否克服恐懼，快樂地度過第一天的校園生活？

② 弟弟，不要哭

樂樂不小心弄丟了姐姐嘉嘉所做的風箏，令她十分生氣，兩人最後會否和好如初？

③ 大家一起玩

很多小朋友一起陪樂樂過生日，不過，大家都只顧爭着玩玩具。究竟他們可不可以過一個開心的生日會呢？

④ 媽媽生病了

嘉嘉和樂樂一覺醒來，知悉媽媽生病睡在牀上！那他們能否照顧自己，獨自克服困難呢？

⑤ BB當醫生

樂樂和同學一起到老人院探訪老人，又得到貼紙作獎勵。然而，樂樂的同學子俊卻得不到貼紙，為什麼？

⑥ 親子賣旗日

嘉嘉於街上努力賣旗時，巧遇也在賣旗的同學家希，但家希卻只對它當作是一件苦差事。究竟賣旗和買旗是不是都在幫助別人呢？